Für Marlies

in untergründiger

Verbundenheit

Paul

April 2014

Paul Pfeffer

Mein Samthandschuh - Mein Dornenbett

Gedichte über die Liebe

65779 Kelkheim
Alle Rechte vorbehalten
2014

Paul Pfeffer
Geboren in Bad Sobernheim an der Nahe
Studium der Germanistik und der Politikwissenschaften
in Frankfurt
Lebt in Kelkheim am Taunus
Schreibt Gedichte, Geschichten und Romane,
Essays und Rezensionen
Mitglied der Autorengruppe Kelkheim und
der Gruppe MainCrime
Kulturpreis der Stadt Kelkheim 2006
Nominiert für den Deutschen Kurzkrimi-Preis 2011

www.paulpfeffer.de

Cover & Illustrationen:
Doris Brunner
Zeichnungen, Malerei
Mitglied im Künstlerkreis Kelkheim und
im Kunstverein Artlantis Bad Homburg

Covergestaltung, Satz & Layout:
Stefan Stenzhorn
Mux-Produktion, Bingen

Druck & Bindung:
TEAM-DRUCK GmbH, Langenlonsheim

ISBN 978-3-00-044591-0

Die Liebe ist eine Schöpfung der Liebenden. Sie ist eine ganz und gar individuelle Erfahrung, und weil das so ist, werden auch heute und in Zukunft Gedichte über die Liebe entstehen. Für den, der sie erlebt, ist Liebe eben nicht nur ein Begriff oder ein literarisches Thema. Das uralte, berauschende Ereignis findet tausendfach neue Formen des Ausdrucks. Es leiht sich unsere Stimme, und jeder von uns singt es auf seine Weise.

Diese Sammlung von Gedichten ist ein Versuch, auf der großen Klaviatur der Sprache einige neue Variationen zum Thema Liebe zu spielen. Heraus kommt eine Mischung aus Tonarten, Stilen und Niveaus so bunt wie die Liebe selbst. Als Motto steht über allem: Man kann leben ohne zu schreiben, aber man kann nicht schreiben, ohne zu leben und gelebt zu haben.

Die Texte sollten laut gelesen, zum Klingen gebracht werden. Resonanz ist erwünscht.

Später dann der Mond

Rendezvous

Wir wollen uns treffen
zwischen zwei Versen.
Zwischen den Zeilen,
wo die Wahrheiten stehen,
wollen wir uns begreifen.

So komm, tritt ein
in mein Gedicht. Dort,
wenn du willst,
kannst du mich finden
hinter den Wörtern.

liebeslied

ganz ohne panzer
will ich sein
ganz ohne waffen
verwundbar geb' ich mich
in deine hand

für einen augenblick
will ich vergessen
was mich schwer macht
will eine feder sein
auf deinem haar

näherung

du hast den gleichen schritt
den gleichen herzschlag

wie gut dich heute die
nachmittagssonne kleidet

wie schön dein haar aufleuchtet
vor den dunklen tannen

wie zart sich deine schulter
anfühlt unterm roten kleid

du bist mir eine wirst mir
eine sein vielleicht

Wahrheit

Ich liebe dich
sogar
in den fünf Minuten
nach dem Aufstehen,
den Augenblicken
der wirklichen Wahrheit.

Ich schließ die Augen,
denk an dich,
dann fall ich
in den Tag.

Im Mai

Mittagssonne
sprenkelte die Haut.
Endlich einmal schöner
als der Traum
die Wirklichkeit.
Orgeltöne in der Luft:
mein lautes Blut.
Ein weißes Blütenblatt auf
deinem braunen Leib.
Es fiel vom Apfelbaum,
der blühte über uns.

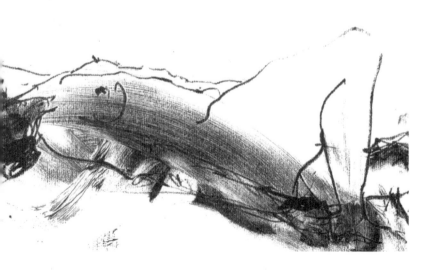

halb zehn

kommt einer
reißt dich
aus dem morgenschlaf
entschuldigt sich tausendmal
nützt jetzt auch nichts mehr
hat aber wenigstens
brötchen mitgebracht
schlürft milchkaffee
tut ganz unschuldig
redet in haarnadelkurven
mischt dich auf
knackt deine blutige passivität
stellt so fragen
was denkt eine libelle
wie klingen hortensien im august
warum regnet es ins meer

wenn er geht um elf
bist du
wach

Im Vorübergehn

Du bist so gnadenlos,
so schmerzhaft schön.
Ich will dir eine
Blume stehlen und
dich erkennen
im Vorübergehn.

Ich will dich beißen
wie das Messer beißt,
so schnell und scharf.
Den klaren Schmerz
sollst du genießen.

Und trinken will ich
deine Milch, dein Blut.
Und deinen Mund,
den seidigen Vulkan,
lass meine Speise sein,
mein Mahl zur Nacht.

düfte

gestern hab ich
in der abendkühle
dir die füße angewärmt
mit meinen händen
deine nackten
schultern habe ich
mit küssen zugedeckt

du gabst mir dafür
deine starken düfte:
nach muscheln
und nach meer
nach frau und
ewigkeit und nach
verlorenen paradiesen

Ohne Netz

Kamst mir ins Gehege,
bunter Vogel,
Blickewerfer.
Setz dich nieder auf mein Fuß,
Wortspieler.
Mach mich lachen.

Will dich derweil zausen
hier und da.
Komm her, halt still
und zeig mir deine Haut.
Hab keine Angst.
Bin ohne Netz und Käfig.

Mein bunter Vogel,
Dünnhäuter.
Noch vor der Nacht
weißt du so gut wie ich:
Das Zauberwort ist
längst gesprochen.

wie langusten

kommt einer
ohne anzuklopfen
sagt ich kann nicht bleiben
sagt hör wie das meer spricht
nimmt dir im vorübergehn
die klebrigen fäden
den staub der trägen jahre
sprengt die versteinerung
im schwemmland deiner zellen

nennt dich schnabeltier
reicht dir sein lachen
auf silbernem tablett
nennt deine spalte mango
flüstert mit deinen brüsten
gibt dir den schrei zurück
verlässt dich erst
wenn deine ruhe
nicht mehr schrecken ist

du schaust ihm nach
leckst salz von deinen lippen
die schmecken plötzlich
wie langusten

unter dem ölbaum

unter dem ölbaum
ein bett aus gras
und düften
zikadenlieder
in der luft
und wolken von
wildem thymian

wir flüsterten uns
rosen ins ohr
tranken zusammen
den uralten kelch

am abend stille
später dann
der mond

Du bist

In meinem Morgenschlaf
bist du, wirfst mir
die Träume zu.

Du bist die Mittagsglut
auf meiner Haut,
der Wind in meinem Haar.

Das Abendboot
stößt du vom Ufer ab.
Du bist der dunkle See.

Du bist mein Feuerbad,
das Mal auf meiner Stirn.
Dein ist die Nacht.

Du

Ich zeige dir meine Trauer,
meine Narben,
entblöße mein Herz,
lasse dich schauen
mein schweres Gesicht.

Meine befleckten Hände
nimmst du, fängst ein
meinen fliehenden Blick,
öffnest mir
deinen heilenden Leib.

notturno

mich um den
verstand geredet
sekt aus der
hohlen hand getrunken
in deinem schweiß
gebadet

nichts weiter

Rosenfrau

Du bist für mich
die Rosenfrau.
Wenn du dich auszieht,
riechst du gut
nach Sommerwind
und Heckenrosen,
nach Milch und nach
Pistazienkernen.

Dein Schenkelfleisch
ist mir bekannt.
Ich kenn mich aus
in deinen Höhlen.
Und drehst du mir
den Rücken zu,
begrüß ich deine
Schulterblätter.

Im Kopf hab ich
die Linien deiner
Hüftenlandschaft,
und deine Brüste
entziffern meine
Fingerspitzen.
Dein kleiner Zeh
verrät mir viel.

Ich schau dich an,
und du erscheinst
vertraut und doch
geheimnisvoll.
Die Rosenfrau
bist du für mich,
mein Samthandschuh,
mein Dornenbett.

mahlzeit

kommt einer
bereitet dir die zutaten
hängt das rind gut ab
filetiert den fisch
klopft das schwein weich
brät das kalb kurz an
paniert die pute
alles frisch und gut durchwachsen
dass dir das wasser zusammenläuft
hat die teller vorgewärmt
das süppchen die antipasti
die gemischten salate
alles abgeschmeckt mit kräutern
die gürkchen die kölbchen
süßsauer eingelegt
richtet dir später die schenkel
lässt das bauchfleisch
die nierchen die lende
braten schmoren dünsten
wie das zergeht auf der zunge
wie das mundet die kartöffelchen
die böhnchen die sößchen
alles würzig sämig gebuttert
für den seligen seufzer
und dann das dessert
unwiderstehlich
tiramisu
und jetzt
espresso

bis zum hals

wenn's rosen hagelt
lass den wecker schrillen
wenn's regnet kühlen wein
sag mir sofort bescheid

mir steht das glück
schon bis zum hals
noch so ein wahnsinnstag
und ich ersauf

ich könnt es grad so
überleben es sei denn
du kommst selbst vorbei
und gibst mir noch den rest

Augenblick

Wir sahen uns nur knappe drei Sekunden
an jener Ecke, wo die Busse hielten,
und waren unsern Augen schon entschwunden,
noch ehe wir die Kraft des Blickes fühlten.

Es war die Wildheit, dieses Ungezähmte,
der freie Blick ganz ohne Mäßigung,
der mir im Augenblick die Knie lähmte.
Derweilen tat die Seele einen Sprung.

Ich war verzaubert. Erst nach ein paar Stunden,
als sich der Zauber löste, fiel mir ein:
Es mag mein Blick in diesen drei Sekunden
genauso schrankenlos gewesen sein.

So sei gewarnt, Geliebte

Warnung

Die Augen hab ich
eines Tieres,
den gelben Blick
des Wolfs.
Dahinter schwelt
die Lust nach Rausch
und blinder Paarung,
nach großen Beutezügen.

Am Morgen trink ich
heimlich aus den Pfützen
mein Wasser,
leck die Lippen.
Und hungert mich,
will ich vor aller Augen
den Zahn ins Fleisch
der Lämmer schlagen.

Wenn abends mein Gestirn,
der Mond, sich zeigt,
dann zittert Wildheit
mir im Blut.
In rauher Kehle
hüt ich einen Schrei,
der dich in Stücke reißt.
So sei gewarnt, Geliebte!

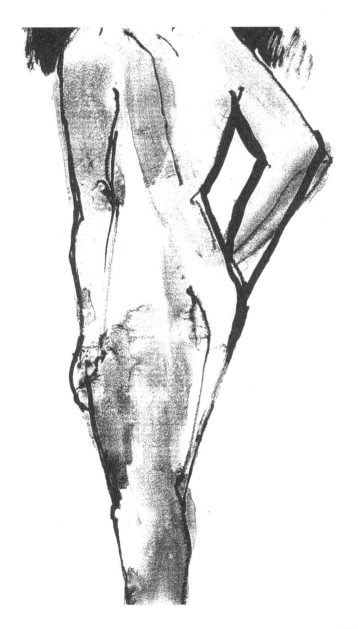

zum dessert

erzähl mir
wie du über krokodile schreitest
mit nackten schenkeln
und in stöckelschuhen

gib mir
deinen gletscherblick
den geschwungenen mund
dein störrisches haar

flüster mir
von dem roten fetzen
der die scham bedeckt
dem gold zwischen den brüsten

salute
ich zeige dir dafür
wie man nachtfalter
pflückt im halbdunkel

Skorpionin

Der Blick aus ihrem Fenster
geht ins Unterholz.
Kaum atembar die Luft
in ihrer Nähe.

Ich komme unerkannt.
Von neuem immer wieder
laß ich mich bedrohn.
Mit aufgerissnen Sinnen
sitz ich atemlos
in ihrem Zimmer,
erfühle ihre Regeln.
Mit immer neuen Sätzen
bring ich mich in Sicherheit.
Als Unbekannter
wünsche ich zu gehn.

Doch schon beim Aufstehn
brennt in meinem Nacken
wie süßes Gift
das Lächeln der Skorpionin.

Versteckspiel

Du sprichst zu mir
mit der Sanftheit der Taube.
Doch tief in deiner Stimme
schläft kehliges Grollen.
Du zeigst mir den
verhangenen Blick des Rehs.
Doch hinter den geschlossenen
Lidern zucken Blitze.

Wenn im Wendekreis des Krebses
hoch die Sonne steht,
zerrst du an deiner Kette,
bleckst die Zähne.
Dein scharfer Schweiß verrät dich,
dein schwarzer Raubtiergang.
Du täuschst mich nicht,
Pantherin!

abendwiese

die luft riecht nach luft
und nach nichts
grün grün grün
die wände von gras
im schatten gelber hahnenfuß
dazwischen pelzig
ein unbekanntes blatt
groß wie meine hand
die trauer der apfelbäume
wenn die sonne untergeht
am lilagelben horizont
ich rieche schon nach erde
die erde nach mir

da malt ein flieger
wäscheleinen an den himmel
da stürzen falken
brennend ab tauben tropfen
von den zweigen
kein kuckuck schreit
dein schwarzer schuh im gras
das geäst die dunklen
wunden der stämme
die apfelbäume
verdorren vom rand her
du riechst nach erde
die erde schon nach dir

Ende des Sommers

Herbstfarben fallen
in die Gärten.
Gen Süden fliegen
die Abteilungsleiter,
Dichter können
ohne weiteres
von herabstürzenden
Wolken erschlagen werden.

Unsere Sätze wachsen jetzt
über die Schädeldecke hinaus.
Die Zeit schwingt frei
in den Scharnieren.

Bald werden die ersten
Engel geschlachtet.
Ich habe Lust,
dir die Kehle
durchzuküssen.

Engel

Du bist weiß
und furchtbar wie ein Engel.

Wenn
du mich nochmal
mit deinem Flügel streifst,
knall ich dich ab
aus deinem Himmel.
In dein gepflegtes
Rosengärtlein brech ich
wie ein Räuber ein
und köpf mit Wonne
deine Lilien. Zu Scherben
schlag ich deine Kindsmoral,
und dein geputztes Seelchen
aus Porzellan und Edelstahl
zerbeul ich dir
nach Strich
und Faden.

Jetzt komm und
streif mich mit
dem weißen Flügel!
Ich lehre dich die Kunst
des freien Falls.

Was ich weiß

Der Apfel ist ins Aus gerollt
und unterm Laken blitzt das Beil.
Ja, toben wirst du, ja, ich weiß,
und deine bittren Zähne zeigen.
Wie eine Rachegöttin schwarz
brichst du aus dem Korsett.
Den hundertfachen Augenmord
wirst du begehn an mir.
Dein Schmerz ist wie dein Recht
so bodenlos, ich weiß.

Ich werde dastehn wie ein Kind.
Mein Apfel ist ins Aus gerollt.
Vor deiner Wut tauch ich
ins Kühle ab und mach mir
eine Höhle unter deinem Blei.
Sei still, Geliebte, werd ich sagen,
wenn du Atem schöpfst,
sei still und wende nicht die Brüste.
Schau lieber in den Spiegel:
Auch du hast Blut im Schuh

Unter Eulen

Ich liebe deine
kluge Eulenseele
und deine Schleieraugen,
die mich einwickeln
und liebkosen wollen.

Aber ich weiß auch:
Dein Blick ist scharf
wie deine Krallen.
Lautlos ist dein Flug.

Ich muß klug sein
wie zwei Eulen,
um dir auszuweichen.

Dein und mein

Ich bin dein,
du bist mein...

Ich bin dein
bestes Stück.
Du bist mein
ein und alles.

Ich bin dein
Schmusekater.
Du bist mein
Zuckermäuschen.

Ich bin dein
Sponsor.
Du bist mein
Ruin.

Ich bin dein
Hanswurst.
Du bist mein
Fußabtreter.

Ich bin dein!
Du bist mein!

Ballade

Als ich sie in der Türe stehen sah
nach ausgesprochen öden sieben Wochen
mit diesem leichten Lächeln auf den Lippen,
da war mein Widerstand schon halb gebrochen.

Wir hatten uns gestritten wie die Tiere,
gemein und grausam, hatten uns verrannt.
Und wie sie mich zutiefst verletzen konnte,
das war ihr schon seit längerem bekannt.

Ich zahlte ihr mit gleicher Münze heim
und wusste, dass das überhaupt nichts nützte.
Ich hatte sie beleidigt, fast geschlagen
in dieser Nacht, als sie ihr Gift verspritzte.

Nun stand sie in der Türe wie ein Engel,
entschuldigte sich nicht, betrat das Zimmer
und setzte sich wie immer auf die Sofakante.
Und auch ihr Blick war fest und grau wie immer.

Wir sprachen lange, kreisten umeinander
wie Unterhändler zweier fremder Staaten.
Und später folgten dann den sanften Worten
die denkbar angenehmsten groben Taten.

Ermutigung

Manchmal in den weißen Nächten
schau ich dich lange an im Schlaf.
Dann kann's geschehn,
dass du mir neu
und unbekannt erscheinst.
Ich stell mir vor,
du kämst aus jenem Raum,
wo Alltag aufhört
und der Himmel anfängt.

Du bist nicht strahlend,
bist nicht weiß gewandet.
Die Flügel trägst du
unauffällig unterm Kleid.
Du bist nicht hübsch und sanft,
auch nicht gefällig.
Doch deine Ungebärdigkeit,
dein Widerstand und deine Vorsicht
sind mir kostbar.

Ganz ruhig lieg ich neben dir
und mal mir aus,
wie schön es morgen wird:
Den Missmut setzen wir auf Nulldiät.
Wir bauen unsern Ängsten
komfortable Villen,
und unsre Dummheit
zäunen wir mit Lorbeer ein.

So nimm mich denn,
wenn du erwachst,
getrost in Angriff.
Mach mir die Hölle heiß!
Ich wärme dir dafür
den Himmel und
den Hintern.

Bitte

Lass unentdeckt
den siebten
Kontinent,
das siebte Wort
lass ungesagt.
Verschlucke jede
siebte Frage.

Wer soll mich schützen
vor deiner guten Absicht?
Wer rettet mich
vor deiner Lauterkeit?

Dring nicht
zu tief
in mich.
Lass ruhen
in mir
jedes siebte
Geheimnis.

so ein vogel

kommt einer
entert deine wohnung
ungeladen ungerufen
korsar mit dem
strahlenden blick
stellt seinen eimer
in deinen regen

besetzt deine küche
im handstreich
schaumlöffel im anschlag
messer zwischen den zähnen
lachender pastapirat
rührt zusammen
was zusammengehört

nimmt dein bett im sturm
dich als prise
freibeuter des urgriffs
lässt dich zurück
verwundert
satt und
raubgevögelt

Deinetwegen

Deinetwegen
freß ich Kreide,
striegele
mein rauhes Fell.
Dafür streichelst
du mir milde
den perfekt
dressierten Kopf.

Doch ich saufe,
was ich brauch,
immer noch
aus deinem Nabel,
heule deinen
Hintern an
und erfreue
dich nach Kräften.

An die ferne Geliebte

Stell dir vor, Geliebte,
das Innere deines Schädels.
Ganz vorn,
gleich hinter deiner Stirn
hab ich mich eingenistet:
eine prächtige Geschwulst,
graurosa und
inoperabel.

hinterm rücken

während dein schrei
den raum zerfetzt
während sich in deine hand
ein falscher finger einschleicht
während jeder stuhl sich sehnt
nach deinem haarlosen geschlecht

strandet auf den dielen
die erinnerung in goldenen fesseln
das ungeborene und das tote
verliert der heilige fisch
seine kostbaren eingeweide

ruhig reiht die dunkle venus
fetisch an fetisch
hinterm rücken stirbt ihr
jede bewegung

lilith

lässt auf dem spielfeld die männchen
tanzen nach deinen regeln
zauberin mit dem grausamen mund
trittst aus dem hintergrund
mit samtenen schenkeln
schlange mit den seidenbrüsten

schreitest hinweg über
untergehende gesichter
lustverkrampfte leiber
hilflose unterwerfungsgesten
hast macht die zeit zu spalten
das wusstest du schon immer

aber manchmal machst du
dass mir warm der mond scheint
dass dein knebel mir leicht wird
dass ich dich tanzen sehe
über die wiesen durch die wälder
das weiße kleid: deine beste tarnung

Ich bin der Wind

Ich bin der Wind.
Die Schwingen breite aus
und schließ die Augen.
Mach dich ganz leicht
und wiege dich auf mir.
Flieg mit mir Leib an Leib.

Ich bin der Wind,
ich streichle dein Gesicht
Du kannst mir blindlings
Leib und Seele anvertrauen.
Doch auf mich bauen
kannst du nicht.

paradiesapfel

und wenn der wurm drin ist
wenn er hinter seinen roten backen
mehlig ist und nach spülwasser schmeckt
auch wenn er faul ist und nichts taugt
wenn seine schale hart und unreif ist
das kerngehäuse leer und unfruchtbar
selbst wenn er die verbotene frucht
sein sollte vom fatalen baum der erkenntnis

nehm ich ihn doch
aus deiner hand

aus deiner hand

Die Liebe ist schlicht

Kopf und Bauch

Ich kann
nichts dafür.
Mein Bauch
will zu dir.

Und will's erst
mein Bauch,
dann will mein
Kopf auch.

Oft merkt man
erst spät,
wie einfach
das geht:

Ich reim mich
auf dich,
du reimst dich
auf mich.

Die Liebe
ist schlicht
wie dieses
Gedicht

Potpourri

Ich libi do
so wie du mich.
Du machst das Herz
mir schwer.
Du hieltest fest
mich in der Hand,
wenn ich ein
Vöglein wär.

Und machst du mich
zum Hänschen klein,
dann fang ich an
zu wandern.
Geh aus, mein Herz,
und suche Freud!
Warum nicht auch
bei andern?

Doch liebst du mich
so wie ich bin,
dann bleib ich
gerne friedlich.
Wir machen uns
den Himmel und
die Hölle
ganz gemütlich.

Ambiva, komm,
der Lenz ist da!
Schau, wie die
Spargel sprießen.
Feindsliebchen, mach
die Beine breit!
Lass alle Brünnlein
fließen.

wo kämst du hin

kommt einer
sagt nicht viel
will deinen kaffee
dein wasser nicht
nimmt bloß die gitarre
setzt sich auf die sofakante
singt dir ein lied einfach so
eins das dir das wasser
in die augen
so viel kommt hoch
so viel verloren vergessen verschütt
schmeichellied schlüssellied
kennst dich auf einmal
selbst nicht mehr
wirst wachs und weicher ton
willst nichts als dich fallen lassen
auflösen weggeben

aber wo kämst du hin wenn
denkst du noch

da hat er dich schon
auf sein instrument gespannt

An einen Engel

Ich liebe dich, du Engel
mit zwei linken Flügeln!
Doch du willst himmelwärts
und übersiehst mich glatt.
An meiner offnen Tür
fliegst du vorbei. Ich weiß,
du willst dir einen zweiten
Engel suchen, so rein
und ahnungslos wie du.
Gib's auf! Ich werde dir
den Flügel richten, dir
den Eintopf kochen, dich
beschützen und mit dir
verfahrn nach Menschenart.
Ich liebe dich, und drum
verzeih mir, dummer Engel,
mein grobes Angebot.

Volkslied

Wenn ich ein
Vöglein wär
und auch zwei
Flüglein hätt,
flög ich
dir weg.

Himmelblaue Rosen

Schau diese himmelblauen Rosen!
Die hab ich nur für dich gezüchtet,
Dazu noch ein Gedicht gedichtet
Von Mimosen.

Du fragst, was sollen die Mimosen?
Ich weiß es selbst nicht so genau.
Ihr Gelb passt gut zu dir als Frau
Und den Rosen.

Die schönsten Rosen sind die blauen.
Man glaubt's nicht auf den ersten Blick
Doch wirken sie besonders schick
An den Frauen.

Die roten kann doch jeder schenken
Das ist wahrhaftig keine Kunst.
Die roten Rosen stehn für Brunst,
Nicht für Denken.

Das Blau jedoch ist das des Meeres,
das hat so etwas Unerreichtes.
Ich dachte halt an etwas Leichtes
und nichts Schweres.

Wie dieses lichte Blau dich kleidet,
das ist wahrhaftig ohne Worte.
Du wirkst wie eine himmelblaue Torte.
Unverkleidet.

Mädchengebetchen, erstes

Lieber Gott, der alles kann,
schenk mir einen schönen Mann.
Am liebsten hätt ich's, wenn er wär
wie Papi und mein Teddybär.

Kräftig soll er sein und still
und das tun, was ich wohl will.
Außerdem wär's ziemlich nett,
wenn er 'ne Menge Kohle hätt.

Kannst du das behalten, ja?
Bist du überhaupt noch da?
Und merk dir endlich meinen Namen!
Morgen bet ich wieder. Amen!

Mädchengebetchen, zweites

Lieber Gott, mach mich schön,
ich will in die Disko gehn.

Lass das mit den Engelsflügeln!
Hilf mir lieber mal beim Bügeln!

Oder mach die Partykleider
einfach eine Nummer weiter!

Mach mich bitte nicht zu fromm,
dass ich in Versuchung komm.

Sag dem Dieter bei den Küssen,
dass sie nicht so feucht sein müssen.

Mach ihn später nicht gleich schlapp,
sonst geht überhaupt nix ab.

Und mach mich nicht zur Engelin,
lieber bleib ich Bengelin!

Morgen spend ich dir ein Licht.
Amen - und vergiss mich nicht!

liebeserklärung männlich

du sagst
ich denke nicht an dich
oder jedenfalls zu wenig
oder oft das falsche
oder jedenfalls nicht das richtige

du sagst
ich mache nichts mit dir
oder jedenfalls zu wenig
oder oft das falsche
oder jedenfalls nicht das richtige

du sagst
ich rede nicht mit dir
oder jedenfalls zu wenig
oder oft das falsche
oder jedenfalls nicht das richtige

        denk ich auch nichts
           so denk ich nichts
                mit dir

        mach ich auch nichts
           so mach ich nichts
                mit dir

        und schweig ich auch
           so schweig ich doch
                mit dir

Schlüsselfrage

Das Paradies ist montags geschlossen,
sagst du, raffst deine Röcke und
siehst mich über die Schulter an.
Ich schaue ruhig zu, wie der
Saum deine Kniekehlen streichelt.

Ist das Fegefeuer geöffnet?
frage ich.
Die Antwort ist
in deinem Lachen.

Von Seele zu Seele

Die süßen Füße und die langen Beine,
die saft'gen Schenkel, der geheimnisvolle Spalt
sowie der himmlisch zarte Bauch und deine
Hüften, das alles lässt mich einfach kalt.

Und mit den wunderbaren weichen Brüsten,
die stillvergnügt in deinem Mieder ruhn
und die so tun, als ob sie von nichts wüssten,
mit denen hab ich wirklich nichts zu tun.

Dein Schwanenhals, die feingeschwungnen Wangen,
die Augen in dem lieblichen Gesicht;
mit denen weiß ich gar nichts anzufangen.
Im Ernst, die interessiern mich einfach nicht.

Was schert mich denn dein Gang, die stille Grazie,
damit es auch an Anmut dir nicht fehle?
Die sind mir so egal wie 'ne Pistazie.
Mich interessiert nur deine schöne Seele.

Trost

Auf euch, ihr Frauen dieser Welt,
auf euch muss ich verzichten!
Wenn ich euch schon nicht haben kann,
will ich euch doch bedichten.

Wenn ich auch nie erfahren darf,
ob es euch denn gefalle:
Ich hab in meinem Dichterkopf
ein Liedchen für euch alle.

Süße, zeig mir deine Falten!

super

    dein rasantes nussbaumchassis
    mit der aparten schallöffnung
    deine beige schimmernde textilfront
    dein pulsierendes magisches auge
    deine smaragdene abstimmanzeigeröhre
    deine alabasternen stationstasten
    deine abschüssigen frequenzeinstellskalen
    und ach
    dein süßer abstimmungsknopf

Alte Liebe

Süße, zeig mir deine Falten,
dass es mich nach mehr gelüste!
In den Händen will ich halten
deine weichen, warmen Brüste.

Zeig den Speck mir an der Taille
und den schönen runden Hintern,
fest und glänzend wie Emaille!
An ihm könnt ich überwintern.

Geh mir mit den Faltenlosen!
Wie sie tags sich sinnlich nennen
mit Versprechen in den Hosen,
die sie nachts nicht halten können.

Komm zu mir! Ich will dich halten,
es dir tun nach deinem Willen
und die Falte aller Falten
dir in alter Liebe füllen.

Argumente

Euer schwarzrotblondes Haar
Eure Halogenscheinwerfer
Eure Dattelmünder
Eure reichhaltigen Ohrläppchen
Euer Schulternrund
Eure Humusachseln
Eure hängenden Gärten
Eure Sahnebäuche
Eure Sieglindenhüften
Eure mürben Kürbisbacken
Eure wilden Dreiecke
Eure griffigen Schenkel
Eure Säulenwaden
Eure Zierfüße

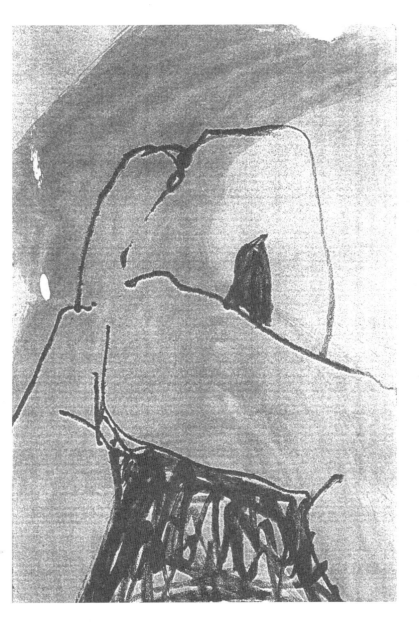

Um ein Haar

Ich sehe,
wie wir Witterung aufnehmen
und lange umeinander streichen
wie zwei scheue Tiere.

Ich sehe, meine Freundin,
dass du leuchtest und alles, was du tust,
den Lorbeer trägt.

Ich sehe dich, cara mia,
bestürmt, bezwungen vom Wein
und der Gewalt der alten Lieder,
stehen mit zitternden Knien.
Wir wissen nichts, doch in Gedanken
bereiten wir schon unser Lager
aus Kamelienblüten.

Ich sehe dich
nackt in der Sonne.
Braunauge hinterm Vorhang
aus kupferfarbenem Brokat.
Dein Mund, die offenen Lippen.
In deinen Schulterblättern wohnen Flügel.
Zwei Butterbirnen deine Brüste.
Die Hinterbacken blühende Eilande,
an denen ich Anker werfe.
Eine Blutorange dein Geschlecht.
Ich will dir einen Fisch fangen
und ihn mit Andacht opfern
zwischen deinen Schenkeln.

Ich sehe schon, Geliebte,
dass wir uns, schier blödgevögelt,
um ein Haar die drei
verbotenen Worte sagen.

Siebenfältig

Oh, ich will mehr dir in die Näh,
ganz nahe an dein dunkles Fell,
dein samtigbraunes Muttermal
da unter deinem Schulterblatt.
Will hin zu deinem Vorderfuß,

zu deinem weichen Schenkelfett.
Oh, ich will mehr von deinem Fluss,
von deinen runden Hügeln auch.
Will näher an dein Siebenbein,
dein benedeites Wuschelhaar,

und endlich auch an deinen Bauch.
Ich zeig dir was von meinem auch:
mein siebenfältiges Geschenk
für einen langen kühlen Herbst
in einem warmen breiten Bett.

Literaturgeschichte

Hab alles versucht
und konnt' dir doch nicht nehmen
den traurigen Blick.

Ein Haiku aus Gold
vom kleinen Finger geschleckt,
das wär's gewesen.

an diesem abend

ich muss nicht sagen
wer ich bin
woher ich komme
ich will nicht
deinen namen wissen

ein räucherstäbchen glimmt
für stunden sind wir
ohne zorn und eifer
ganz ohne wunsch
wir denken nichts

wir sitzen nur
und sind
und atmen
für den augenblick
wo das verbrannte

abfällt

maiomai

strafzettelblau der himmel
darunter grün und rosa
und dann das scharfe gelb
tulpen blusen und pullover
gelb und gut gefüllt
unter nylon und satin
schaukelt dein fleisch

zungenkusscollagen auf
den bänken am weiher
wo die yellow submarines
kreuzen voll torpedos
haben den april versenkt
maiomai triumphgeschrei
vom fliegenden getier

schleierblau die silhouetten
horizonte nach oben offen
wir gleiten ins gras
mit fliegenden flanken
und himbeernen mündern
gib mir mehr davon bloß
weg mit den schmerzgrenzen

vogelweide rock

schräge schatten an der wand
von unten das brausen der rush hour
dein hintern auf dem plastikstuhl.
meine Hand in deinem nacken.
auf dem tisch die reste
unseres frühen abendmahls
italienischer salat
weißbrot
flasche chianti

musik aus dem nebenzimmer
big city rock irgendwas
von jungsein glück und tod
komm mit mir
zwischen die gitarresaiten,
wo die untertöne schwingen
dort schlendern wir ein bisschen
und wenn's dämmert
fahrn wir aus der Stadt
der sonne nach

unter der linde mach ich uns
ein bett aus blumen und gras
deinen kopf und deinen
zarten hintern will ich dir
auf Rosen betten
da lieben wir uns
dass die heide wackelt
tandaradei

und wenn
eine nachtigall zuschaut
soll sie's den andern vögeln
brühwarm weitersingen

nabelabwärts

hin
ein handlicher bauch
hüften mit samt überzogen
ein schwer hintersinniger hintern
barmherzige hügellandschaft
ein rosshaariges wäldchen
eine labyrinthische spalte
die schmetterlingsflügel
spendable schenkel
waden satt
füße
und zurück

Blaues Känguru

Ich stell mir vor, dass du, noch warm vom Schlaf,
dir einen roten Apfel schälst und isst,
dass du dabei die Zähne ganz vergisst
und deine Nüstern wie bei einem Schaf,

so samtig, kenntnisreich und kussgewohnt,
das Apfelfleisch befühlen und beschmecken.
Lass deine Zunge einmal drüberlecken
und noch ein zweites Mal, damit sich's lohnt.

Stell du dir vor: Ein kleines blaues Känguru,
das sitzt vor deinem Fenster, wartet bloß
darauf, dass du es siehst und es ein bisschen

vom roten Apfel naschen kann wie du.
Noch mehr: Es will auf deinen weichen Schoß
und weiter noch zu deinem dunklen Kisschen.

Finale

Noch einmal spielen meine Fingerspitzen
auf deinen Schenkeln ein berauschendes Finale.
Noch einmal halt ich deine weichen Zitzen
und knete dir die Pflaume, die ovale.

Ich folge fasziniert dem Schwunge deiner Hüften
und wärme meine Füße an den deinen.
Den Schwanz im Loch, die Seele in den Lüften,
so lass ich alle Sonnen in dir scheinen.

Und wenn ich in dein Bauchfleisch mein Gesicht vergrabe,
sucht meine Hand in deinen ungeheuren Spalten,
bis ich die Schätze deines Leibs gehoben habe.

Ich weck in dir noch einmal die Naturgewalten;
noch einmal überschreit ich lustvoll deine Grenzen,
bevor der Schlag mich trifft mit allen Konsequenzen.

Geliebte

Schau mich nicht so an.
In meinen Augen findest du
die nackte, die absurde Heiterkeit.

Sprich mich nicht so an.
Die Seele ist mir nur
ein leichteres Stück Fleisch.

Fass mich nicht so an.
Sonst lieb ich dich.
Und wir verglühen heute noch

am Abendhimmel.

heiße schokolade

während ich nachdachte
wo das schokoladenherz
das du mir schenktest
seinen platz finden könnte
in meinem zimmer

ist es in der brusttasche
an meinem herzen
geschmolzen

jetzt fress ich es
ganz zärtlich
auf

Ohne Protokoll

Ich atme deine Unterlippe ein,
Verknäuele mich mit dir im Abendschein,
Steck alle meine Glieder in dich rein,
Will Unterholz und Tümpel für dich sein.

Wir machen spielend alle Maße voll
Wie blaue Kängurus, verrückt und toll.
Wir tun, was nicht sein kann und nicht sein soll
ganz ohne Protokoll.

In heaven

Für den Himmel
braucht's nicht viel.
Du und ich,
die kleine Trägheit
nach dem Abendessen,
möglichst wenig Licht,
ein Hauch von Schweiß und Deo,
dazu Musik, die alte Platte
aus den Dreißigern:
Heaven, I'm in heaven.

Deine Hand lacht
auf meiner Schulter.
When we're dancing cheek to cheek.
Dreh dich, mach dich leicht,
schweb, flieg, heb ab.

Heaven, we're in heaven.
Und tanzen uns die Seele
in den Leib.

kirschenzeit

bringt gar nichts
dass du dicht machst
die fenster verrammelst
die natur verfluchst
und keinen schritt
ins freie tust

hat doch keinen zweck
dass du dich wehrst
gegen die wucht
der süßkirschen und alles
was prall ist und lauthals
aus den nähten platzt

wird dir nichts helfen
wenn die kirschen zerknallen
an deiner festung
aus vanilleeis
dass dir die süße soße
nur so runterläuft

hast keine chance
ergib dich
ich habe schon
die sahneschleuder
in stellung gebracht
vor deiner tür

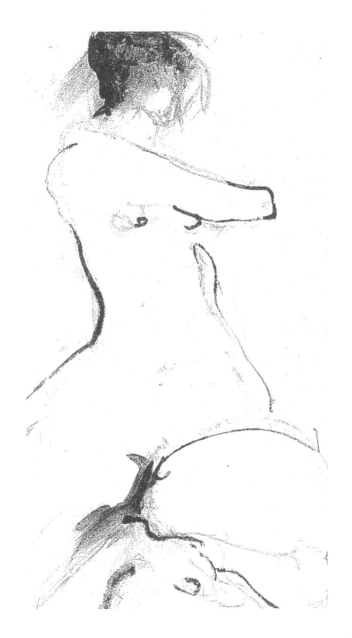

lavendel & co

geht durch die nase
nimmt die ältesten wege
der subversive lavendel
schleicht sich ins stammhirn
legt feuer an die granaten
aus rosenöl die explodieren
schon dort wo's weich ist
was da untergeht in wolken
von schweiß und moschus
war einmal der verstand
jetzt schießbudenfigur
und opfer der lockung
außer gefecht gesetzt
geschlechtsreif geschossen
alles hakt aus bricht ein
und hin und weg
und augen zu und los
alle bremsen gelöst
und bloß
kein halten mehr

Tango mortale

Leib an Leib, die Herzen rot,
gefährlich über einem Spalt
sind wir verwachsen und verkrallt,
wo tiefer Abgrund lockt und droht.

Wir drehen uns im engsten Tanz,
fast wie im Streit, im harten Ringen,
als wollten wir den andern zwingen
zu lieben, gar nicht oder ganz.

Was Neigung ist, was Gegenwehr,
wer wollte das noch unterscheiden?
Und lieben wir dann allzu sehr,

macht uns der Tango beide leiden.
Wir können kaum dabei gewinnen
und müssen doch den Tanz beginnen.

Was bleibt

nähe

ich bin dir seltsam nahe wenn du schweigst
wenn du in deinen dunklen brunnen tauchst

die worte reichen nicht bis auf den grund
auf halbem weg verstummen die gedanken

du schaust durch mich hindurch als sei ich glas
dein drittes auge richtet sich nach innen

was du dort siehst das hab auch ich gesehen:
den anfang und das ende aller dinge

ich bin dir nah in diesen augenblicken
so nah wie es bei menschen irgend geht

lass uns bis auf den grund des brunnens schauen
wo tod und leben sich so leicht berühren

dann lachen wir vielleicht wenn eines tages
die welt in unseren köpfen untergeht

Das alte Lied

Viel zu lange
immer dasselbe Stück gespielt.
Viel zu oft
immer dieselben Töne gehört.
Und nie
den Takt, die Tonart gewechselt.

Es hört und hört nicht auf,
das alte Lied.

Aber
der trostlose Anblick
der verstimmten Instrumente.
Der Schrecken
der Stille.

Verhakt

Von deinen Leiden kenn ich nur die offenbaren,
Die du mir ungeschützt in schwarzen Stunden zeigst,
Wenn du dir selber fremd wirst und die Stirne neigst.
Von deinen Leiden kenn ich nur die offenbaren.

Von deinen Freuden seh ich nur die unversteckten,
Ganz eingesponnen scheinst du in dein eignes Haus.
Dein Lächeln sieht für mich sehr oft wie Weinen aus.
Von deinen Freuden seh ich nur die unversteckten.

Ein jeder trachtet, dass er sein Geheimnis rettet.
Wir müssen unsre Wunden voreinander schützen.
Wir sind zu sehr verschränkt, verhakt, verkettet

und können uns nicht frei und unbefangen zeigen.
Statt dass wir uns im Alltag gegenseitig stützen,
verfallen wir allmählich in ein dumpfes Schweigen.

abendszene

türmst worte auf
berge aus konsonanten
meere von vokalen
versprichst mir wälder
drohst mir wüsten an
baust labyrinthe
ohne ausgang

da hinten bläst
der mond sich wieder auf
blöde inszenierung
ja wenn das leben
an den rändern offen wäre
fällt mir noch ein bevor
ich dich
umarme

Herbstens

Herbstens legen wir Wehmut an.
Das Gold der Birke
ist über Nacht verglüht.
Der schwarze Ahorn
hat uns schon berührt.
Gewesenes steigt auf,
ergreift uns sanft
an den vernarbten Wunden,
bringt sie zum Schmerzen,
bis in den klaren Winternächten
die Ruhe alter Bäume
uns zärtlich überwächst.

die liebe bewahrt

gearbeitet
an der liebe
den großen schein
in kleine münze
gewechselt

genährt
die flamme
mit strohhalm und
schwerem buchenscheit
dem alltag
das menschenwürdige
abverlangt

versackt
im sumpf
wüsten
durchquert
die gipfel
genossen

gefallen
und wieder
aufgestanden
die liebe
bewahrt

Die alten Worte

Die alten Zauberworte sind noch nicht verbraucht.
Sie wirken immer noch, sie strahlen noch von innen.
Wenn deine Seele dunkel in Verzweiflung taucht,
dann sprich sie aus, und alles kann von vorn beginnen.

Da gibt es Worte voller kleiner Zärtlichkeiten,
die deine Schläfen streicheln wie ein warmer Wind.
Und wilde Worte gibt's, die reißen dir zuzeiten
so manche Türen ein, die sonst vermauert sind.

Und wenn du Sehnsucht sagst, dann weiten sich die
Wände.
Du könntest einfach aufstehn und ins Freie gehn.
Und Wesen aus den Tiefen reichen dir die Hände.
Du bist berührt, du lächelst, und die Zeit bleibt stehn.

Was bleibt

Ein ausgefranster Duft,
ein kleiner Klang:
deine Stimme.
Und zu viele
verschlissene Träume.

Sonst nur
ein Name,
ins Wasser geschrieben,
und ein Mundvoll Steine.

du sagst

unsere vergangenheit
ist erledigt

die zukunft malst du
babyrosa

derweil hat die gegenwart
tränen in den augen

Wenn du zwei Bäume siehst

Geh nicht zu schnell vorbei,
wenn du zwei Bäume siehst,
die beieinander stehen.
Beachte ihren Abstand:
Sie ziehen ihre Kraft
aus zwei verschiednen Wurzeln.
Schau, wie sie ihre Äste
ganz vorsichtig verschränken.
Und wenn sie nach der Sonne
die stärksten Triebe recken,
dann siehst du sie das Licht
mit dem Gefährten teilen.
Es stiftet Zärtlichkeiten
der Wind in ihren Kronen:
Beim allerkleinsten Hauch
berühren sich die Blätter.
Dann mag es dir so scheinen,
als gehe durch die Zweige
der Schauer des Erkennens.
Wenn du zwei Bäume siehst,
die so zusammen wachsen,
dann bleib ein Weilchen stehn
und denk an dich und mich.

Inhalt

Später dann der Mond

Rendezvous 7
liebeslied 8
näherung 9
Wahrheit 10
Im Mai 11
halb zehn 12
Im Vorübergehn 13
düfte 14
Ohne Netz 16
wie langusten 17
unter dem ölbaum 18
Du bist 19
Du 20
notturno 21
Rosenfrau 22
mahlzeit 24
bis zum hals 25
Augenblick 26

So sei gewarnt, Geliebte

Warnung 28
zum dessert 30
Skorpionin 31
Versteckspiel 32
abendwiese 33
Ende des Sommers 34
Engel 36
Was ich weiß 37
Unter Eulen 38
Dein und mein 40

Ballade 41
Ermutigung 42
Bitte 44
so ein vogel 45
Deinetwegen 46
An die ferne Geliebte 48
hinterm rücken 49
lilith 50
Ich bin der Wind 52
paradiesapfel 53

Die Liebe ist schlicht

Kopf und Bauch 55
Potpourri 56
wo kämst du hin 59
An einen Engel 60
Volkslied 61
Himmelblaue Rosen 62
Mädchengebetchen, erstes 63
Mädchengebetchen, zweites 64
liebeserklärung männlich 65
Schlüsselfrage 67
Von Seele zu Seele 68
Trost 69

Süße, zeig mir deine Falten!

super 71
Alte Liebe 73
Argumente 74
Um ein Haar 76
Siebenfältig 78
Literaturgeschichte 79
an diesem abend 80

maiomai 81
vogelweide rock 82
nabelabwärts 84
Blaues Känguru 85
Finale 86
Geliebte 88
heiße schokolade 89
Ohne Protokoll 90
In heaven 91
kirschenzeit 92
lavendel & co 94
Tango mortale 95

Was bleibt

nähe 97
Das alte Lied 98
Verhakt 100
abendszene 101
Herbstens 102
die liebe bewahrt 103
Die alten Worte 105
Was bleibt 106
du sagst 107
Wenn du zwei Bäume siehst 108

© Paul Pfeffer

65779 Kelkheim
Alle Rechte vorbehalten
2014

E-Books von Paul Pfeffer bei Amazon:

Mein Samthandschuh - Mein Dornenbett, Gedichte über die Liebe
Im Himmel der glücklichen Frauen, Schräge Kurzkrimis
Sophies Ratte, Tierische Geschichten
Alles Liebe, Geschichten über die Liebe
Der kleine hässliche Prinz, Märchen für Männer
Brinkmann kommt, Männergeschichten